外國傑出名人大全

新雅文化事業有限公司
www.sunya.com.hk

推薦語

讓每個孩子都擁有
百百成功未來

　　每位父母都知道，兒童時期的教育影響到孩子一生的成長與發展，因此，讓孩子閱讀優秀讀物，也是每位父母的明智選擇。然而，孩子好奇心雖強，但注意力容易分散，理解力也有限，枯燥的、強制的閱讀只會帶來適得其反的效果。怎樣用合理的、有趣的閱讀形式，讓孩子收穫最重要的知識，是每位父母必須完成的重大任務！

　　這本《外國傑出名人大全》在充分尊重、研究孩子心理特點和閱讀興趣的前提下，通過生動有趣的名人故事、美輪美奐的插圖，引導孩子輕鬆閱讀、快樂閱讀，力求用合理、科學的方式向孩子傳遞成長路上最重要的知識、智慧和成才秘訣！本書精心挑選了外國文明史上最傑出的名人，講述他們的非凡成就，闡析他們的黃金成才法則，讓孩子在輕鬆閱讀中受到激勵、啟發，從而學習優秀品質，掌握成功秘訣，樹立遠大理想，成就美好未來！

　　站在巨人肩膀上，成功路上事半功倍！希望通過本書，孩子能接收傑出名人們通過努力探索得到的金鑰匙，開啟屬於自己的成功未來！

中國兒童教育研究所　陳勁

快樂暢遊
催人奮進的名人世界

　　漫漫的歷史長河中湧現了無數的世界名人：他們在政治、經濟、軍事、科學、文學、藝術等領域作出了卓越貢獻，推動了社會的發展，贏得了至高的榮譽，受到世人的尊崇。

　　為了讓孩子們了解外國名人的成長歷程和精神世界，我們精心編寫了這本《外國傑出名人大全》。通過閱讀本書，孩子們可以了解外國名人充滿艱辛的人生奮鬥歷程，感受他們身上散發出的人格魅力，從而讓自己的心靈得到滋養。

　　我們衷心希望孩子們在翻看這一篇篇精彩的名人故事的過程中，能夠以他們為榜樣，從小樹立遠大的理想，為擁有成功的人生而不斷奮鬥。

目錄

第1章

軍政領袖

第 2 章

思想宗師

第 3 章

科技英才

目錄

第4章

文藝巨匠

目錄

第 5 章

名家名流

第1章
軍政領袖

　　時勢造英雄，英雄造時勢。政治領袖通過政策促進社會進步，為民眾造福；軍事家立下輝煌戰功，維護了國家和民族的尊嚴。令人肅然起敬的是，有些人既是傑出的政治領袖，又是優秀的軍事將領，如：古羅馬的凱撒、美國國父華盛頓、二戰盟軍統帥艾森豪……翻開本章，在回眸歷史的過程中，你將領略到軍政領袖們的強者風範。

馬其頓國王──亞歷山大

★建立跨越三洲的大帝國★

　　亞歷山大是古希臘馬其頓國王菲臘二世的兒子，他在小時候就顯示出懾人的霸氣。

　　公元前336年，20歲的亞歷山大繼承王位。

名人 檔案館

姓　　名：亞歷山大 Alexander
（公元前356年-公元前323年）

成　　就：西起巴爾幹半島、尼羅河，東至印度河這一廣泛地域，建成他跨越三大洲的亞歷山大帝國。

　　為了實現征服世界的野心，亞歷山大決定先征服位於馬其頓東面的波斯帝國。出征前，他把自己的所有財產分贈給別人。他的一位大將不解地問道：「您把財產分光，給自己留下什麼呢？」

　　「希望。」亞歷山大說，「我把希望留給自己，它將給我無窮的財

富！」將士們被<u>亞歷山大</u>的決心所激勵，他們更加堅定了
打敗<u>波斯帝國</u>的決心。

<u>亞歷山大</u>率領<u>馬其頓</u>大軍向<u>波斯</u>軍隊發起猛烈的攻
勢。<u>波斯</u>軍隊難以抵抗，沒多久就全線潰敗，<u>波斯帝國</u>也
宣告滅亡。隨後，<u>亞歷山大</u>又指揮大軍繼續東征，佔領<u>埃
及</u>後，又進軍<u>中亞</u>和<u>印度</u>。

公元前325年，<u>亞歷山大</u>以<u>巴比倫</u>為新的都城，建立了
一個橫跨歐、亞、非三洲的龐大帝國。

迦太基戰神——漢尼拔

★智破羅馬大軍★

漢尼拔的父親是迦太基的著名將領哈米爾卡·巴卡。父親與羅馬人的戰鬥經歷讓小漢尼拔嚮往不已，他希望自己將來也像父親一樣成為偉大的軍事統帥。父親曾命令9歲的漢尼拔在祭壇前發誓，長大以後要與羅馬勢不兩立，這句誓言也成為漢尼拔一生奮鬥的目標。

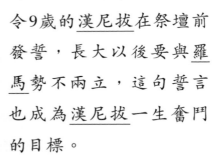

25歲時，漢尼拔成為迦太基駐西班牙部隊的最高統帥。上任後，他便積極準備對羅馬的戰爭。公元前218年，羅

名人 檔案館

姓　　名：漢尼拔 Hannibal Barca
（公元前247年 - 公元前183年）

成　　就：在第二次布匿戰爭中，他帶領迦太基軍隊穿越阿爾卑斯山，大敗羅馬軍團。

馬向迦太基宣戰。羅馬軍隊兵分兩路：一路進攻迦太基本土，另一路從西班牙登陸，以牽制漢尼拔的軍隊。漢尼拔看穿了敵人的詭計，他巧妙地避開了羅馬軍隊的主力，冒着極大的危險，率領大軍從小道翻越了冰雪覆蓋、人跡罕至的阿爾卑斯山，如神兵天降般出現在波河流域，出其不意地給了羅馬軍隊沉重的打擊，取得了戰爭的勝利。

　　漢尼拔用兵如神，多次打敗羅馬軍隊，所以被西方人稱為「迦太基戰神」。

古羅馬戰神——凱撒

★征服高盧，剷除異己★

凱撒是古羅馬著名的軍事家、政治家。公元前62年，凱撒出任羅馬行政長官。公元前60年，凱撒與克拉蘇和龐培結成「三頭同盟」，掌握大權。凱撒深知要鞏固自己的地位，就必須掌握強大的軍隊，擁有雄厚的財力。於是，疆域遼闊、財力富足的高盧地區成了他的征服目標。

高盧人雖然英勇善戰，可是長久以來，各個部落之間總是勾心鬥角。於是，凱撒採取了「胡蘿蔔加大棒」的政策，一方面對敵人進行拉攏分化，另一方面實

名人 檔案館

姓　　名：蓋尤斯‧尤利烏斯‧凱撒
Gaius Julius Caesar
（公元前 102 年 - 公元前 44 年）

成　　就：征服高盧全境，打敗政敵龐培，成為羅馬共和國名副其實的軍事獨裁者。

施武力征服。經過長達十年的戰爭，凱撒終於征服了整個高盧，也積累了雄厚的軍事力量和足夠的財富。

　　公元前53年，克拉蘇死於「帕提亞戰爭」，「三頭同盟」解體。最終，凱撒打敗了龐培，成為羅馬人民愛戴的英雄，並被推舉為「終身獨裁官」。儘管凱撒沒有加冕成為帝王，卻被後世稱為「凱撒大帝」，「凱撒」一詞也被多個歐洲帝王們作為皇帝稱號。

俄羅斯帝國之父
——彼得大帝

★銳意改革走上強國路★

　　彼得一世是俄國沙皇阿列克謝·米哈伊洛維奇的兒子。1689年，17歲的彼得開始正式執政。相比於歐洲各國，此時的俄國還是一個非常落後的國家，依然實行封建落後的農奴制。於是，彼得決心要讓俄國強大起來。為此，他派遣了龐大的使團，出訪歐洲各國，學習先進技術。他自己也扮成士兵隨團考察。

　　回國後，彼得決定在國內進行全面歐化的改革。他首先從改革

名人 檔案館

姓　　名：彼得·阿列克謝耶維奇·羅曼諾夫
Peter the Great
（1672年 - 1725年）

成　　就：作為統治俄國的沙皇，他倡導仿效西方科學文化（史稱「彼得一世改革」），使落後的俄國一躍成為歐洲強國。

社會的舊風俗入手。俄國男子向來有留鬍鬚的習俗，而彼得認為這是一種陋俗。這天，當幾位大臣來拜見彼得時，彼得突然操起手中的剪刀朝他們的鬍子剪去。此後，彼得宣布以後不准留鬍鬚，如果要留，就得出錢購買「留鬚權」。他還廢除了通行數百年的下跪儀式，禁止穿長袍，一律改穿西式服裝。這一系列措施為其他方面的改革打下了良好基礎。

　　經過一系列的改革，俄國在軍事、經濟、文化教育等方面得到了長足發展，一躍成為歐洲強國。

美國國父——華盛頓

★為獨立而戰★

18世紀後半期，英國在北美建立了13個殖民地，對殖民地人民進行殘酷的剝削。北美人民不堪重負，反抗的聲浪越來越高。1775年4月，「萊剋星頓的槍聲」揭開了美國獨立戰爭的序幕。同年5月，第二屆大陸會議在費城召開，曾任民兵總司令的華盛頓臨危受命，被推選為大陸軍總司令。

戰爭初期，獨立軍處境非常艱難，大多數人沒受過正規訓練，而且裝備匱乏，缺衣少糧，與英軍交戰屢次失敗。於是，華盛頓嚴格

名人 檔案館

姓　名：喬治·華盛頓
George Washington
（1732年 - 1799年）

成　就：他領導大陸軍打敗英國殖民者，使美國民族獲得了獨立，成為美國首任總統。

執行軍隊紀律，逐步把獨立軍訓練成一支強大的正規軍。

1776年3月，華盛頓率軍圍攻波士頓，取得勝利，極大地鼓舞了北美人民的士氣。同年7月4日，大陸會議通過了《獨立宣言》，莊嚴地宣告北美殖民地成為美國合眾國。

1781年，在華盛頓的指揮下，美法聯軍在南方城市約克鎮與英軍對決，以勝利宣告美國獨立戰爭的結束。美國獨立後，華盛頓當選為第一屆美國總統。

歐洲征服者——拿破崙

★建立法國帝國★

1789年，法國大革命爆發，動盪的局勢給了已經從軍校畢業的拿破崙展示軍事才能的良機。1793年，他被指派前去攻打被英國和西班牙聯軍艦隊佔據的南部重要海防城市土倫港。他先用大炮猛攻，摧毀敵艦，再讓步兵迂迴前進，和敵人進行肉搏，最後取得勝利。1796年，拿破崙被任命為法國遠征意大利的總司令。他帶領三萬人的軍隊，越過阿爾卑斯山天險，在意大利境內與奧地利軍隊交戰，並且以少勝多，大破敵軍。

名人 檔案館

姓　　名：拿破崙·波拿巴
Napoléon Bonaparte
（1769年 - 1821年）

成　　就：他曾佔領西歐和中歐的大部分領土，使法國的革命思想得到了廣泛傳播。

　　這些戰役的勝利使拿破崙的威望越來越高，最終他成為法國共和國的新英雄。1804年，拿破崙正式稱帝，並把法國共和國改為法國帝國。拿破崙在位期間，多次打敗反法同盟，取得了一連串的勝利，奠定了法國帝國在歐洲大陸的霸主地位。他靠着超人的智慧與傑出的軍事才能，創下了赫赫戰功，從而贏得了「歐洲征服者」的稱號。

美國總統——林肯

★徹底執行廢奴★

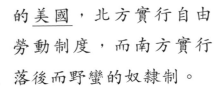

林肯小時候家裏很窮，他上學不到一年就開始跟着父親在美國北方肯塔基州的荒原上工作。21歲那年，林肯離開家鄉獨自外出到南方謀生。當時的美國，北方實行自由勞動制度，而南方實行落後而野蠻的奴隸制。

有一次，在美國南方城市新奧爾良的奴隸拍賣市場上，年輕的林肯親眼目睹黑人像牲畜一樣被打罵、買賣和勞役。面對這種慘無人道的行為，他感到非常難

名人 檔案館

姓　名： 亞伯拉罕·林肯
Abraham Lincoln
（1809年 - 1865年）

成　就： 他是美國南北戰爭的領導者，為廢除奴隸制和維護國家統一建立了不朽功勳。

過，從此決心從政，要為消滅奴隸制而奮鬥。

　　1834年，當選為伊利諾州議員後，林肯到處進行政治演說，猛烈抨擊奴隸制度，並提出一些對公眾事業有益的建議，他在公眾中的聲望日漸高漲。1860年，林肯當選為美國第十六任總統。南方各州對林肯的就任非常不滿，先後發動叛亂，南北戰爭正式爆發。

　　1862年，林肯正式頒布了《解放黑奴宣言》。黑人們興高采烈地慶祝得到解放，並踴躍報名參軍，聯邦軍隊開始扭轉戰局。1865年，戰爭以北方聯邦軍隊的勝利而告終。

印度「聖雄」——甘地

★倡導非暴力不合作運動★

19世紀中期的印度，仍然被英國殖民統治。英國殖民者大肆掠奪印度的財富，勞役印度人民。甘地目睹印度社會的悲慘現狀，決心帶領人民脫離水深火熱的英國殖民統治。他倡導以和平的方式來實現民族獨立，發起「非暴力不合作運動」，主要做法有：不當英國殖民者的官吏；不使用英國製造的產品；不穿英式服裝，自己紡紗織布；不進英國人辦的學校；不向英國納稅……甘地的非暴力不合作思想逐步被印度國大黨接受，並成為國

名人 檔案館

姓　　名：莫罕達斯·卡拉姆昌
德·甘地 Mohandas
Karamchand Gandhi
（1869年 - 1948年）

成　　就：他帶領印度邁向獨立，
其「非暴力」思想對世
界的民族解放運動影響
深遠。

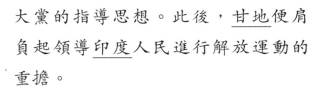

大黨的指導思想。此後，甘地便肩負起領導印度人民進行解放運動的重擔。

1930年，英國殖民當局制定了「食鹽專營法」，通過控制食鹽生產，抬高鹽價，令印度人民百上加斤。甘地就帶領信徒和民眾步行到海邊，用海水煮鹽，以此來抵制這一法令。

就這樣，甘地領導印度人民發起一次又一次的抵抗運動，為印度的民族獨立作出了不可磨滅的貢獻。甘地也因此贏得印度人民的尊敬，被稱為「聖雄」。

社會主義革命導師
——列寧

★領導十月革命★

列寧出生在俄國一個知識份子的家庭，少年時期正值沙皇政府統治黑暗、專制獨裁的時代，民間有很多黨派進行反政府活動。1887年

名人 檔案館

姓　　名：列寧 Lenin，原名弗拉基米爾·伊里奇·烏里揚諾
（1870年 - 1924年）

成　　就：領導十月革命，繼承和發展了馬克思主義學說，是布爾什維克黨和蘇聯的創立者。

春天，列寧的哥哥薩沙因參與行刺沙皇亞歷山大三世被補，並被處以絞刑。這件事讓列寧認識到：只有推翻沙皇的專制制度，才能徹底改變社會現狀。

中學畢業後，列寧進入喀山大學法律系學習，他經常和有着創新革命思想的同學一起探

討革命問題，逐漸成為一位積極的革命者。後來，他接觸了馬克思的《共產黨宣言》，組建了政黨，積極宣傳馬克思主義的建黨學說。

1917年3月，沙皇政權被推翻，資產階級掌握了政權。之後，列寧積極對廣大工人階級和羣眾進行教育和宣傳，組織力量為奪取政權做好準備。1917年11月6日，列寧決定當晚發動起義。第二天，由他領導的「俄國十月社會主義革命」取得了勝利，第一個社會主義國家誕生了。革命勝利後，列寧當選為第一屆蘇聯政府主席。

英國鐵腕首相──邱吉爾

★堅決抗擊法西斯★

第二次世界大戰爆發後，英國首相張伯倫對德國法西斯主義採取一味退讓的綏靖（音：須靜）政策。海軍大臣邱吉爾卻大力主張對德、意侵略者實行堅決遏制和抗擊的強硬政策。

隨着綏靖政策的徹底失敗，1940年5月，張伯倫被迫辭去首相職務，邱吉爾被任命為首相兼國防大臣。邱吉爾不顧個人安危，親臨前線指揮戰鬥。在他的鼓舞下，英軍將士士氣大振，在「英倫三島保衛

名人 檔案館

姓　　名：溫斯頓·邱吉爾
　　　　　Sir Winston Leonard
　　　　　Spencer Churchill
　　　　　（1874年 - 1965年）

成　　就：他帶領英國人民取得反法西斯戰爭的勝利，還獲得1953年的諾貝爾文學獎。

戰」中取得輝煌的勝利，給德國侵略者沉重的打擊。

　　1941年6月，德國大舉入侵蘇聯。邱吉爾立即表示，英國將同蘇聯一起對抗德國，並與蘇聯簽訂對德作戰聯合行動的協定。邱吉爾促成英國與蘇聯結盟，使不同意識形態下的反納粹力量在特定時期結成了統一戰線，從而確保戰爭的最後勝利。同時，他還積極尋求美國的支持，甚至冒着被德國潛艇襲擊的風險訪問美國。1942年1月，在邱吉爾的積極奔走下，英、蘇、美、中等二十六國簽訂協定，組成「國際反法西斯統一戰線」，一致對抗法西斯主義。

　　邱吉爾為爭取世界反法西斯戰爭的最後勝利作出了極為重要的貢獻。

輪椅上的美國總統
──羅斯福

★用「新政」挽救美國★

1933年初，經濟大蕭條的風暴席捲美國，許多企業都相繼倒閉。此時，新上任的美國總統羅斯福卻表現出一種壓倒一切的自信。這個在39歲時因患脊髓灰質炎而不得不坐上輪椅的總統樂觀的態度，讓美國人民看到了希望。

名人 檔案館

姓　名：佛蘭克林·羅斯福
Franklin D. Roosevelt
（1882年 - 1945年）

成　就：他以「新政」應對經濟危機。「二戰」期間，他促成美軍參戰，戰爭後期還提出建立聯合國的構想。

就職後，羅斯福把保持國民經濟的正常運作和保證人民就業作為美國政府的首要任務。他本着救濟、改革和復興的指導思想，提出以整頓銀行、調整農業、復興工業、實施救濟作為國家復興的四根支柱，

並在此基礎上推行「新政」。新政的推行，使公眾恢復了對美國政府的信心，並使美國的工業、農業逐漸走出蕭

條。1935年以後，在新政的影響下，美國經濟逐漸由蕭條走向復蘇和繁榮。

除了用新政復興美國，羅斯福還領導美國參加世界反法西斯戰爭。1936年、1940年和1944年羅斯福又連續三次當選總統，成為美國歷史上惟一一位連任四屆的總統，他也是最受人民愛戴的總統之一。

盟軍統帥——艾森豪

★諾曼第登陸建奇功★

　　1944年，艾森豪被任命為歐洲盟軍遠征軍最高統帥，主要負責組織實施由美、英、法等國組成的盟軍在歐洲的登陸作戰計劃，為配合蘇德戰場最後擊敗納粹德國創造條件。經過反覆研究，艾森豪最終決定在法國諾曼第實行登陸作戰方案。方案制訂後，艾森豪故意放出假情報，讓德軍以為盟軍會在法國加萊海峽沿岸登陸。德軍收到假情報後，果然把主力軍團全部部署到加萊海峽沿岸，而僅有不到9萬人的兵力駐守在諾曼第及附近地區。

名人 檔案館

姓　　名：德懷特・大衛・艾森豪
　　　　　Dwight David Eisenhower
　　　　　（1890年－1969年）

成　　就：「二戰」期間，他成功指揮北非登陸、西西里島登陸、諾曼第登陸等重大戰役。

1944 年6月6日凌晨，盟軍在飛機和戰艦的掩護下，向<u>諾曼第</u>發動搶灘突襲。盟軍經過一天的奮力拼殺，終於取得<u>諾曼第</u>登陸戰的成功。

<u>諾曼第</u>登陸是世界歷史上規模最大的兩棲登陸戰役，也是極具戰略意義的戰役，它對加速法西斯<u>德國</u>的崩潰起到至關重要的作用。

<u>艾森豪</u>率領盟軍多次打敗法西斯軍隊，為結束第二次世界大戰作出了不可磨滅的貢獻。

法國總統——戴高樂

★為自由法國而戰★

戴高樂出生於法國一個篤信天主教的貴族之家。他的父親是一位教授，治家很嚴，但對子女充滿了父愛。母親每天晚上都要叫孩子們為法國和被德國人佔領的阿爾薩斯和洛林進行禱告。因此，強烈的愛國主義思想從小就在戴高樂的心中埋下了種子。

戴高樂很小的時候就希望成為一名軍人，因為在他看來，成為軍人才是報效祖國最好的方式。1909年，19歲的戴高樂如願以償考上了巴黎的聖西爾軍校，開始他的軍旅生涯。

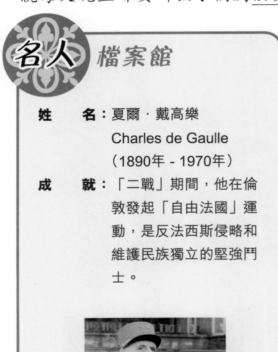

名人 檔案館

姓　　名：夏爾·戴高樂
Charles de Gaulle
（1890年 - 1970年）

成　　就：「二戰」期間，他在倫敦發起「自由法國」運動，是反法西斯侵略和維護民族獨立的堅強鬥士。

　　1940年5月，法西斯德軍繞過「馬其諾防線」，攻入法國。巴黎淪陷後，戴高樂將軍向法國政府請命，請求讓他率領軍隊反抗德國侵略者。一心投降的法國政府對戴高樂的義舉不予理睬。於是，戴高樂決定立刻去國外組織力量，繼續抗擊德國侵略者。

　　同年6月17日，戴高樂帶着全家飛往英國，並於次日在英國廣播電台發表了《告法國人民書》。他向法國人民和全世界莊嚴宣告：「法國的事業沒有失敗……法國的

抵抗火焰決不應該熄滅，也決不會熄滅……」在戴高樂的領導下，國外的「自由法國」運動不可遏制地發展起來。此後，戴高樂率領「自由法國」的戰士們向侵略者發起進攻，即使多次失敗，也決不屈服，依然堅持戰鬥。

　　1944年8月，戴高樂率領部隊向巴黎挺進，解放了巴黎。戴高樂成為法國人民心中的英雄。

第2章
思想宗師

　　思想家是人類的大腦，他們用領先於時代的思想和觀點，影響數代人的成長，推動着人類歷史不斷前進：阿里士多德學富五車，博學多才，創立了多門學科；亞當・史密斯出版《國富論》，建立了古典經濟學體系；佛洛伊德從解析夢境開始，創立了精神分析學說……快翻開本章，體驗思想宗師的精彩人生，接受一次思想的洗禮吧！

古希臘巨哲
——阿里士多德

★博學多才，追求真理★

阿里士多德出生在古希臘一個宮廷御醫的家庭。17歲那年，他來到柏拉圖創辦的學園，一學就是二十年。在這段期間，他對政治、歷史、天文、數學、物理、生物等學科都做了深入研究。可貴的是，阿里士多德並不盲從老師柏拉圖的所有觀點，而是保留自己的獨特見解。

公元前335年，學有所成的阿里士多德在雅典郊外創辦了呂克昂學園。他經常帶領學生們在學園的林蔭道上一邊散步，一邊講課和討論學問。於是，被稱為

名人 檔案館

姓　名：阿里士多德 Aristotélēs
（公元前384年 -
公元前322年）

成　就：他的著作堪稱古代的百科全書，主要有《工具論》、《形而學》、《物理學》、《倫理學》、《政治學》、《詩學》等。

「逍遙學派」。

在學園裏，<u>阿里士多德</u>除了教學，還對多門學科進行大量研究，在哲學、生物學、天文學、物理學、政治學、教育學等方面取得輝煌的成就。因此，<u>阿里士多德</u>成為後世多門學科的創始人和奠基人，為人類哲學和科學的發展作出巨大貢獻，被後人譽為「百科全書式的智者」。

現代實驗科學的始祖
——培根

★深信知識就是力量★

培根是英國17世紀著名的哲學家和科學家。他出身名門，自修獲得律師資格並步入政界，成為國家重臣。但培根的志向並不在政治活動上，而是在對科學真理的探求上。

1605年，培根寫下《學術的進展》一書，抨擊貶損知識的愚昧思想，並從宗教的信仰、國家的治理、社會的發展、個人的道德品性等方面，來論證知識的巨大作用和價值。1620年，培根創作並出版《新工具》一書，透徹地闡述其主要哲學思想。他在

名人 檔案館

姓　　名：弗蘭西斯‧培根
　　　　　Francis Bacon
　　　　　（1561年 - 1626年）

成　　就：他是近代歸納法的創始人，也是將科學研究邏輯化、組織化的先驅，著有《學術的進展》、《新工具》等。

書中論述經驗的認識原理，並開創經驗的認識方法，還提倡將科學的理論與實際相結合。1624年，培根撰寫了《沉思錄》一書。他在書中指出，要想控制自然、利用自然，就必須掌握科學知識，並確切地提出 「知識就是力量」的觀點。

　　培根的思想對近代哲學的發展產生重大影響，他被馬克思譽為英國唯物主義和整個現代實驗科學的真正始祖。

啟蒙思想家——盧梭

★提倡主權屬於人民★

　　盧梭是18世紀法國著名的思想家、哲學家、文學家，啟蒙運動最卓越的代表人物之一。

　　盧梭出生於瑞士日內瓦一個鐘錶匠家庭。在父親的鼓勵下，幼年的他讀了許多古希臘、古羅馬名人的傳記。盧梭從12歲起開始自謀生計，做過僕人、學徒和雜役等，遭受過很多苦難。後來，他來到法國，開始長期顛沛流離的生活。

　　盧梭出身貧寒，深深體會到人民的苦難，這為他日後堅持為低下階層人民發言、寫出不

名人 檔案館

姓　　名：讓-雅克·盧梭
　　　　　Jean-Jacques Rousseau
　　　　　（1712年 - 1778年）

成　　就：他提出「主權在民」的思想，主要著作有《社會契約論》、《懺悔錄》等。

朽的著作奠定基礎。

　　盧梭最重要的著作是《社會契約論》，在書中他詳細闡述人民主權學說。他認為，國家的責任就是保護人民的「公共幸福和利益」，這就是人民的最高意志。這些觀點，成為法國大革命思想的基石。盧梭還寫有自傳體小說《懺悔錄》。這本書體現了盧梭的

個性自由和個性解放思想，在政治和藝術上對歐洲文學的發展，產生巨大影響。

現代經濟學之父
——亞當·斯密

★撰寫《國富論》★

英國古典經濟學家亞當·斯密從小就失去了父親，和母親相依為命。他的性格很內向，喜歡自言自語，想事情常想得出神，常常受到別人的誤會和冷落。不過，這種性格卻使他能夠集中精力思考，全身心地投入到學術研究中去。

名人 檔案館

姓　名：亞當·斯密 Adam Smith
（1723年－1790年）

成　就：他使經濟學成為一門系統科學，被稱為經濟學鼻祖，著有《國富論》一書。

青年時期的亞當·斯密閱讀過許多著名經濟學家、哲學家和思想家的著作，這使他的天才思想不斷地迸發出火

花。經過九年艱辛的寫作，1776年，一部使他聞名世界的偉大著作《國富論》終於問世了。

　　亞當・斯密在書中首次提出市場經濟是由「一隻看不見的手」自行調節的理論。這部著作是現代經濟學的開山之作，對資本主義和自由貿易作出了重要的論述，奠定資本主義自由經濟的理論基礎，對日後的經濟學家產生深遠的影響。因此，世人尊稱亞當・斯密為「現代經濟學之父」和「自由企業的守護神」。

社會主義奠基人
——馬克思

★撰寫《共產黨宣言》和《資本論》★

馬克思出生在德國萊茵省特利爾城一個律師家庭,他從小就表露出一種渴望為人類獻身的精神。

1836年,馬克思進入柏林大學學習,並加入渴望民主政治、反對現實社會中種種不平等現象的「青年黑格爾派」,這為他日後的思想發展、理論建樹奠定了基礎。

1844年,馬克思在巴黎結識了恩格斯,從此開始他們的終身合作。第二年,他們共同完成《德意志意識形態》一書,第一次提出無產階級奪取政權的歷

名人 檔案館

姓　名:卡爾·海因里希·馬克思
Karl Heinrich Marx
(1818年 - 1883年)

成　就:創立了科學社會主義和馬克思主義哲學、政治經濟學。

史任務。

1847年，馬克思和恩格斯加入共產主義者同盟，參加共產主義者同盟第二次代表大會，並接受大會委託，起草同盟綱領《共產黨宣言》。《共產黨宣言》總結無產階級鬥爭的歷史經驗，系統、完整地闡述了關於無產階級革命與專政的理論。

1861年，馬克思開始着手寫《資本論》。《資本論》是馬克思「整個一生科學研究的成果」，它凝聚了馬克思的全部心血和智慧，是他獻給全世界無產階級的一部最重要的科學文獻。它在世界各國廣泛流傳，成為日後人民反對社會不公平現象的強大思想武器。

精神分析學派創始人
——佛洛伊德

★揭開「夢境」的面紗★

佛洛伊德出生在奧地利一個猶太人家庭。當時猶太人很受歧視，因此，佛洛伊德從小就用心讀書，希望有一天能為猶太人爭氣。後來，他成為一名醫生，致力於精神病學方面的研究。佛洛伊德在跟隨法國精神病醫生沙可學習時，見到老師用催眠法來治療精神病患者，於是他認識到人體和精神之間一定存在着微妙的關係。隨後，他開始對臨牀病人進行觀察和分

名人 檔案館

姓　　名：西格蒙德·佛洛伊德
　　　　　Sigismund Schlomo Freud
　　　　　（1856年 - 1939年）

成　　就：他創立了精神分析學說，著有《夢的解析》、《精神分析引論》等。

析，並於1895年出版第一部論著《歇斯底里研究》。

　　在此後的五至七年間，佛洛伊德對人類學、心理學、宗教和文學進行研究，同時對自己和他人所做的夢作出分析。1900年，《夢的解析》一書問世。在書中，他分析了眾多的夢，提出夢是一種對無法實現的、受壓抑的願望的滿足的觀點。佛洛伊德認為：每個夢都顯示一種心理結構，充滿了意義，並且與清醒狀態時精神活動的特定部分有所聯繫；通過對夢的分析可以窺測人的心理，探究人的潛意識中的慾望，從而治療精神方面的疾病。雖然，這本

書的出版並沒有得到當時醫學界的重視，但他並不氣餒，繼續堅持心理學方面的研究。

　　經過佛洛伊德的不懈努力，十年後，他的學說終於受到重視，阿德勒、榮格等一批日後著名的心理學家都拜在他的門下，精神分析學派就此初步形成。1908年，他所主持的精神分析學會在維也納成立，後來這個協會發展成為國際精神分析協會。佛洛伊德憑藉其獨特的學說以及對人性另一面——潛意識的深刻理解，開創一個全新的心理學研究領域。

　　佛洛伊德的精神分析理論為我們揭開人類心靈的奧秘，《夢的解析》也因此被譽為「劃時代的不朽巨著」，佛洛伊德也不愧為人類思想史上的一位偉大人物。

第3章
科技英才

　　科學家非凡的科學創見，讓我們對這個充滿謎團的世界有了更深刻的了解，比如牛頓建立了經典物理力學體系，推動了物理學的發展。發明家偉大的科技發明和創新，也使我們的生活發生翻天覆地的變化，比如瓦特改良了蒸汽機，使一些資本主義國家在18世紀進入工業化時代。在本章中，你將了解這些科學家和發明家的偉大貢獻，感受他們的人格魅力。

近代天文學的奠基者
——哥白尼

★揭開天體運行的真相★

哥白尼出生於波蘭的一個富商家庭。18歲時，他進入克拉科夫大學學習。在那裏，他接受了數學和天文學的教育。

名人 檔案館

姓　　名：尼古拉·哥白尼
Nicolaus Copernicus
（1473年 - 1543年）

成　　就：他提出「日心說」，推翻長期以來居於統治地位的「地心說」，實現天文學的根本變革。

在當時的歐洲，古希臘天文學家托勒密倡導的「地心說」長期居於統治地位，人們一直認為地球是宇宙的核心。而哥白尼的大學老師通過研究，對「地心說」提出一些異議。這些見解對哥白尼產生重大影響，他開始研究托勒密的著

作。通過研究，哥白尼發現托勒密理論中的一些錯誤。例如，月蝕現象並非因為「地心說」中所說的月球體積縮小所致，而是月球被其他星體遮住了。

　　經過三十年的研究，哥白尼終於整理出他一生中最重要的研究成果——《天體運行論》。此書提出「日心說」的觀點，即太陽是宇宙的中心。這一學說糾正了托勒密的「地心說」，不僅從根本上動搖了歐洲中世紀宗教神學的理論基礎，而且使人類的整個世界觀都發生了重大變化。

　　哥白尼不畏權威，為後世的天文研究開闢廣闊的道路，成為近代天文學的奠基人。

近代科學之父——伽利略

★斜塔實驗「驚天動地」★

伽利略出生於意大利比薩城一個沒落的貴族家庭。他小時候很愛動腦筋，哪怕是一個很平常的現象，他也要問「為什麼」。這種勤學好問、追根究底的性格，伴隨他的一生。

年青時的伽利略曾對阿里士多德的落體學說（物體越重，下墜的速度就越快）產生懷疑，並且做了許多實驗反覆驗證。他發現，如果不考慮空氣阻力的影響，物體下墜的速度與

名人 檔案館

姓　　名：伽利略‧伽利萊
　　　　　Galileo Galilei
　　　　　（1564年－1642年）

成　　就：他推翻以阿里士多德為代表的、純屬思辨的傳統的自然觀，開創以實驗事實為根據並有嚴密邏輯體系的近代科學。

物體的重量並沒有必然的聯繫。

　　一天，伽利略帶了兩個質量不同的鐵球登上比薩斜塔，當眾同時鬆手放開兩個鐵球。結果，兩個鐵球幾乎同時落到地面上，大家都震驚了。伽利略這次實驗的成功，其意義不僅在於揭開落體運動的規律，推翻阿里士多德的落體學說，更重要的是展現出學術研究上勇於實踐、信奉真理的精神，推動了整個科學發展的進程。

　　伽利略的一生在力學、天文學和哲學等方面都作出了重大貢獻，因此被人們尊稱為「近代科學之父」。

微生物學的開拓者
——列文虎克

★發現雨水中的「小居民」★

列文虎克是荷蘭的顯微鏡專家、微生物學的開拓者。他在中年以後成了市政廳的看門人,這種工作使他可以經常接觸各行各業的人。一次,他從一位朋友那裏得知,放大鏡可以將極其微小的東西放大,使觀察者可以極為清楚地觀看物體。於是,列文虎克漸漸迷上磨製放大鏡的工作,並學會了製作顯微鏡。他製作的顯微鏡可以把物體放大300倍,遠遠超過了同時代的人。

1675年的一天,天空下起大雨。忽然,他萌生一個念頭:用顯微

名人 檔案館

姓　　名:安東尼·馮·列文虎克
Antoni van Leeuwenhoek
(1632年 - 1723年)

成　　就:他用自己研製出的顯微鏡觀察到微生物,這一發現為自然科學的發展開闢了一個新天地。

鏡看看雨水裏有什麼東西。於是，他用吸管從地面的積水坑裏取了一管雨水，滴了一滴在顯微鏡下進行觀察。

他驚訝地發現，雨水裏竟然有無數奇形怪狀的「小居民」在蠕動呢！他把這一發現報告了英國皇家學會，從而轟動整個學術界。

列文虎克發現的「小居民」就是細菌。他的這一發現，打開了人類認識微觀世界的一扇視窗。

57

經典物理學大師——牛頓

★發現萬有引力★

牛頓是英國著名的物理學家，被世人尊稱為經典物理學大師。他從小就很喜歡思考問題。大學時期，他對物理學和數學產生了濃厚的興趣，並能熟練運用數學知識解決許多物理問題。著名科學家巴羅教授很欣賞牛頓的才華，於是他將自己的知識悉心傳授給牛頓。從此，牛頓把自己的精力全部專注自然科學的領域上。

有一天，牛頓坐在一棵蘋果樹下思考

名人 檔案館

姓　　名：艾薩克·牛頓
　　　　　Sir Isaac Newton
　　　　　（1643年 - 1727年）

成　　就：提出萬有引力定律；所創立的牛頓三大運動定律是經典力學的基石。

問題。忽然，一個蘋果從樹上掉到地上。「為什麼蘋果會落到地上，而不會飛到空中呢？」牛頓盯着蘋果陷入了沉思。他通過蘋果落地，聯想到所有的東西一旦失去支撐必然會墜下。隨後他發現任何兩樣物體之間都存在着吸引力，由此總結出著名的萬有引力定律。

　　1687年，牛頓出版了《自然哲學的數學原理》一書。這部巨著提出力學的基本運動定律，揭示萬有引力定律，並對月球的運動、潮汐的形成等天文現象進行研究，被認為是古往今來最偉大的科學著作，也確立了牛頓在科學史上舉足輕重的地位。

蒸汽機的改良者——瓦特

★把人類帶進蒸汽時代★

瓦特是英國著名的發明家。他小時候聰明好學，遇到不懂的問題總喜歡尋根問底。有一次，小瓦特在廚房裏看到灶上燒着一壺水。

不久，水沸騰了，壺蓋「啪啪」作響，不停地上下跳動。這種一般人司空見慣的現象卻引起小瓦特的濃厚興趣。他想：到底是什麼力量使壺蓋不停地上下跳動呢？他把壺蓋揭開再蓋上，蓋上又揭開，終於發現是水蒸氣在「作

名人 檔案館

姓　　名：詹姆斯·瓦特
James Watt
（1736年 - 1819年）

成　　就：他改良了蒸汽機，提高蒸汽機的熱效率和運行可靠性。他還發明了氣壓錶、汽動錘。

怪」。這次細心的觀察，成為日後<u>瓦特</u>與蒸汽機結緣的基礎。

　　在大學期間，<u>瓦特</u>經常修理儀器。有一次，學校請<u>瓦特</u>修理一台紐可門式蒸汽機。<u>瓦特</u>發現這種蒸汽機存在兩大缺點：一是活塞動作不連續而且慢，還需用人力調節；二是蒸汽利用率低，浪費原料。後來，<u>瓦特</u>發明一種連杆裝置，使蒸汽機不必用人力去調節活塞，從此，世界上第一台「萬能蒸汽機」誕生了。世界各國的工礦企業開始陸續應用蒸汽機，人類亦步入了「蒸汽時代」。

數學王子——高斯

★1+2+3+…+100= ？★

德國數學家高斯從小就顯示出驚人的數學天分，他對數字十分敏感，而且善於思考。

高斯小學的時候，有一次老師給同學們出了一道數學題：1+2+3+…+100＝？同學們都認真地算着，可不一會兒，小高斯就向老師報出了正確答案：5050。老師很驚奇，詢問他的計算方法。高斯認真地回答：「因為我發現一頭一尾的兩個數的和都是一樣的，即：1+100=101，2+99=101，…，50+51=101。一共有50個101，因此答案就

名人檔案館

姓　　名：卡爾・弗里德里希・高斯
　　　　　Carl Friedrich Gauss
　　　　　（1777年 - 1855年）

成　　就：他是近代數學奠基者之一，其研究幾乎遍及數學的所有領域，有「數學王子」的美譽。

是5050。」小高斯的演算法確實很巧妙,其實這個方法就是計算級數「1+2+3+⋯+n」的方法。通過這件事,老師發現了高斯的數學才華,並送給他一本深奧的數學書,鼓勵他自學。

　　長大後,高斯專心於數學研究,成為一名數學家。他的數學研究幾乎遍及所有領域,在數論、代數學、非歐幾何、複變函數和微分幾何等方面都作出了開創性的貢獻。人們尊稱他為「數學王子」、「數學家之王」。

電學之父——法拉第

★發現電磁感應現象★

法拉第出生在英國的一個貧困家庭，由於生活所迫，他12歲就輟學去一間釘書鋪當學徒。在這裏，他利用空閒時間拼命讀書充實自己。

在不斷的學習中，法拉第對化學和電學產生了極大的興趣，並決定從事這兩個學科領域的研究工作。

1831年，法拉第破解了電與磁的奧秘。一天，法拉第預備了一根長圓柱形磁石，將一根很長的銅線繞在空心的

名人 檔案館

姓　　名：邁克爾·法拉第
　　　　　Michael Faraday
　　　　　（1791年 - 1867年）

成　　就：他發現了電磁感應現象，進而確立電磁感應的基本定律，並創造了第一台感應發電機。

圓筒上，在銅線兩端各串接一個電流計。他將磁石的一端挨近銅線，電流計的指標沒有移動。他又迅速地把磁石完全插入銅線圈內，這時電流計的指針突然動起來。<u>法拉第</u>驚喜極了。他試了一次又一次，終於找出「轉磁為電」的方法，並且引入磁力線的概念，總結出電磁感應定律。

　　由於<u>法拉第</u>找到一種嶄新的能源──電，造就日後發明電燈、電視等電氣化產品，所以他被後人稱為「電學之父」。

進化論之父——達爾文

★揭開物種起源的奧秘★

英國生物學家達爾文從小就喜歡釣魚、打獵，還常常採集植物和昆蟲做標本，他認為自然界裏藏着太多的奧秘和樂趣。大學畢業後，他全身心地投入到自然科學的研究中。

名人 檔案館

姓　　名：查理斯‧羅伯特‧達爾文
　　　　　Charles Robert Darwin
　　　　　（1809年 - 1882年）

成　　就：著有《物種起源》一書，以全新的生物進化思想推翻了「神創論」和物種不變的理論。

1831年，英國政府組織了一次環球考察活動。達爾文以博物學家的身分，自費乘船，開始漫長而又艱苦的環球考察。每到一個地方，他總要採集礦物和生物標本，挖掘生物化石進

行研究。他整整忙了五年，積累了大量資料。

　　回國後，<u>達爾文</u>在整理這些資料的基礎上，又經過二十多年的努力，終於完成《物種起源》一書。他在書中提出了進化論思想：物種是可變的，一切生物都經歷了由低級到高級、由簡單到複雜的發展過程；生物不是不變的，而是不斷進化的，自然選擇是生物進化的動力。

　　這是一部劃時代的巨著，第一次把生物學建立在完全科學的基礎上，轟開了宗教迷信對人們思想的禁錮，生物進化論被稱為19世紀自然科學的三大發現之一。

炸藥大王——諾貝爾

★冒死研製安全炸藥★

1846年，<u>意大利化學家索布雷羅</u>發明了烈性炸藥——硝化甘油。這種炸藥雖然威力巨大，卻很不安全。<u>瑞典化學家諾貝爾</u>想在改進硝化甘油的基礎上，研製出爆炸效果好且使用安全的炸藥。這是一個充滿危險的艱苦歷程，死亡隨時威脅着他。有一次，<u>諾貝爾</u>的實驗室爆炸，有五人不幸遇難，<u>諾貝爾</u>和父親也受了重傷。

失敗並沒有使<u>諾貝爾</u>退縮，他決定迎着困

名人 檔案館

姓　名：阿爾費雷德·貝恩哈德·諾貝爾
Alfred Bernhard Nobel
（1833年 - 1896年）

成　就：他一生致力於炸藥的研究，發明了硝化甘油引爆劑、硝化甘油固體炸藥和膠狀炸藥等，還創立諾貝爾獎。

難繼續進行試驗。為了減少爆炸帶來的危害，<u>諾貝爾</u>索性租了條船到湖中去做實驗。經過無數次的失敗，他終於在1867年研製出「安全炸藥」。這是一種由硝化甘油和火棉混合而成的炸藥，既安全可靠又威力巨大。很快，安全炸藥被應用於工礦企業，廣受歡迎。

　　<u>諾貝爾</u>一生共獲得了355種發明專利，其中僅炸藥就有129種。因此，人們稱他為「炸藥大王」。

俄國化學家——門捷列夫

★發現元素週期律★

門捷列夫是俄國著名的化學家。他在當大學老師的時候，負責講授化學基礎課。由於當時的教科書缺乏系統性，因此門捷列夫決心自己編寫一本概括化學基礎知識的新教材——《化學原理》。

在著書的過程中，他開始思考元素的種類、元素之間的異同以及元素之間內部聯繫等問題。他在每一塊長方形紙板上寫上元素符號、原子量、元素性質及其化合物，然後把它們釘在實驗室的牆上排了又排。研究不斷受

名人檔案館

姓　　名：德米特里‧伊凡諾維奇‧門捷列夫
　　　　　Dmitri Mendeleev
　　　　　（1834年 - 1907年）

成　　就：他發現了元素週期律，促進現代化學和物理學的發展。

挫，但<u>門捷列夫</u>並沒有懈怠和灰心。

為了更多、更準確地了解元素特性，<u>門捷列夫</u>到國外進行了10年左右的深造和研究。回到國內，<u>門捷列夫</u>繼續研究他的紙卡片。他的心血沒有白費，1869年2月，他終於發現元素週期律！

元素週期律揭示物質世界的一個秘密，即元素間存在相互依存的關係，它們組成一個完整的自然體系。從此，新元素的尋找，新物質、新材料的探索有了一條可遵循的規律。

世界發明大王——愛迪生
★用發明改變世界★

美國發明家愛迪生從小就喜歡做各種實驗，還自己製作許多實用機器。他在少年時所做的努力，為他日後的發明創造奠定堅實的基礎。

名人 檔案館

姓　名：湯瑪斯·愛爾瓦·愛迪生
Thomas Alva Edison
（1847年 - 1931年）

成　就：他一生約有2000項發明，其中重要的發明有留聲機、白熾燈、鹼性蓄電池和電影攝影機等。

愛迪生長大後，醉心於發明研究。他最偉大的發明之一就是白熾燈。當時，已經有人發明一種叫弧光燈的電燈。這種電燈雖然能發出亮光，但缺點也很多，如：光線太刺眼，耗電量大，壽命也不長。愛迪生下定決心，一定要發明一種光線柔和的實用電燈，讓千家萬戶都能用上。在經歷無

數次失敗後，他終於點燃第一盞真正有廣泛實用價值的白熾燈，可美中不足的是燈絲的壽命不夠長。為延長燈絲的壽命，他又重新試驗。在試用約6000種纖維材料後，愛迪生終於找到一種新的發光體——竹絲，這種燈絲可以持續照明1000多小時。白熾燈的

發明把人類帶進了一個嶄新的「電光」世界。

愛迪生一生約有2000項發明，為人類社會的進步作出巨大的貢獻。

兩次獲得諾貝爾獎
——居里夫人

★發現鐳★

居里夫人婚前的名字叫瑪麗。大學畢業後，她與有着共同志向的居里先生結婚，成為居里夫人。1896年，居里夫婦開始研究放射性物質。由於放射性物質對身體有嚴重的危害，而且在礦石裏找到的含量很少，因此大大增加了研究難度。但居里夫婦不怕苦不怕累，廢寢忘食地做實驗。經過常人難以想像的艱苦努力，他們終於在1898年發現了放射性元素——鐳，並從8噸廢瀝青鈾礦中提煉出1克純淨的氯化鐳。

1906年，居里先生

名人 檔案館

姓　　名：瑪麗·居里 Marie Curie
　　　　　（1867年 - 1934年）

成　　就：她研究放射性現象，發現釙和鐳兩種放射性元素，一生兩度榮獲諾貝爾獎。

不幸因車禍去世。居里夫人承受着巨大的痛苦，但為完成兩人共同的科學志願，她更加努力工作。此後，她不但完成《放射性專論》一書，還與他人合作成功地研製出製取鐳的方法。

居里夫人一生兩度榮獲諾貝爾獎，可她並沒有在成績面前驕傲。她無私地把鐳的製取技術貢獻出來，應用於醫學領域，使鐳的技術成為治療癌症的有效方法，為人類作出了偉大的貢獻。

掀起物理學革命
——愛因斯坦

★A=X+Y+Z★

　　曾經有一個<u>美國</u>記者，詢問<u>愛因斯坦</u>成功的秘訣是什麼，<u>愛因斯坦</u>回答：「成功的公式就是：A=X+Y+Z！ A就是成功，X是努力工作，Y是懂得休息，Z是少說廢話！」

名人 檔案館

姓　　名：阿爾伯特·愛因斯坦
　　　　　Albert Einstein
　　　　　（1879年 - 1955年）

成　　就：提出相對論及質能方程
　　　　　式，解釋光電效應，推
　　　　　動量子力學的發展。

　　<u>愛因斯坦</u>是這樣說的，也是這樣做的，他把所有的時間都用在科學研究上。<u>愛因斯坦</u>在<u>瑞士</u>上大學時，過的是窮學生的生活，他對物質生活要求不高，有一碟意大利麵條加上一點醬就感到很滿足。成名後，他本可以享受很好的物質生活，但是他仍然過着學生時期那樣簡

樸的生活。

　　愛因斯坦從來不喜歡參加社交活動與宴會，因為對他來說，安逸和幸福並不是生活的目的。他的理想和生活的目的，就是投身於科學研究、忘我地工作。對於社交活動與宴會，他曾諷刺地說過：「這是把時間餵給動物園。」

　　愛因斯坦嚴格地遵循着他所提出來的成功公式，因此他才能取得這樣偉大的成就，成為舉世聞名的科學家。

理論物理學大師——霍金
★用大腦探索宇宙★

　　霍金出生於英國的一個知識份子的家庭，他從小就很喜歡物理學。20歲時，霍金以優異的成績進入牛津大學攻讀物理學。畢業

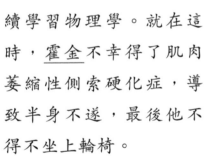

名人 檔案館

姓　　名：史蒂芬·威廉·霍金
　　　　　Stephen William Hawking
　　　　　（1942年至今）

成　　就：他提出「黑洞輻射」的觀點，對宇宙大爆炸理論有獨到的解釋，著有《時間簡史》等。

後，他又考入劍橋大學研究院，繼續學習物理學。就在這時，霍金不幸得了肌肉萎縮性側索硬化症，導致半身不遂，最後他不得不坐上輪椅。

　　在殘酷的命運面前，霍金並沒有低頭。他懷着對物理學的極度熱愛，開始以頑強的毅

力致力於理論物理學的研究。

　　霍金選擇的研究題目是宇宙，他採用的研究方法也與眾不同——他從不觀測天體，而是靠直覺和理論進行分析。

　　一天，他憑直覺意識到黑洞是有溫度的，這樣它就會釋放出輻射。也就是說，黑洞其實並不黑。

　　經過三年的苦苦思考和計算，他把這一閃念推敲成完整的理論。1975年，霍金正式向世界宣布，黑洞不斷地輻射出X光、γ射線等，這就是著名的「霍金輻射」。這一深

奧的理論對量子宇宙論的發展作出極大貢獻，並大大推進了宇宙空間科學的發展。

此後，霍金的病情越來越嚴重，他漸漸地不能說話了。疾病折磨着他的身體，卻無法束縛他的思想。憑着一台電腦聲音合成器，以及僅能活動的幾隻手指操縱一個特製的滑鼠，在電腦屏幕上打字，他先後寫出《時間簡史》、《果殼中的宇宙》等書，以通俗的語言分析、探索宇宙的起源和歸宿等問題。

霍金在物理學上的成就是舉世矚目的，但他沒有因此停止前進的腳步。2004年7月21日，霍金在「第17屆國際廣義相對論和萬有引力大會」上，向學術界宣布他對黑洞研究的最新成果。他認為，黑洞不會將進入其邊界的物體資訊淹沒，反而會將這些資訊「撕碎」後釋放出去。

第4章
文藝巨匠

在藝術和文學的殿堂裏，人們總能獲得美的享受。意大利畫家達·文西將蒙娜麗莎的微笑定格為永恆，使無數人為之傾倒，這是藝術的魅力；丹麥作家安徒生描繪的美麗童話打動了千千萬萬孩子的心，這是文學的魅力。翻開本章，你會發現，其實每一位文藝巨匠的成長故事就是一部藝術精品，值得你用心賞析。

文藝復興的巨人
——達·文西

★蒙娜麗莎的永恆微笑★

　　達·文西從小天資聰慧，勤奮好學。後來，他跟隨著名藝術家韋羅基奧學習畫畫。韋羅基奧安排他從畫雞蛋開始學起。達·文西不厭其煩地畫了一隻又一隻的雞蛋，

名人 檔案館

姓　　名：列奧納多·達·文西
　　　　Leonardo di ser
　　　　Piero da Vinci
　　　　（1452年 - 1519年）

成　　就：他是文藝復興時期的著名畫家，善用明暗法創造平面形象的立體感，其著名畫作有《蒙娜麗莎》、《最後的晚餐》等。

漸漸領悟到繪畫的基本要領——對事物觀察要細緻入微。在韋羅基奧的嚴格要求和耐心指導下，達·文西學習了素描、繪畫和雕刻，藝術水平突飛猛進。

　　達·文西在一生中完成的繪畫作品雖然不多，但件件都是不朽之作。其中，《蒙娜麗莎》堪稱世界上最著名

的肖像畫。達‧文西用精確的筆法把婦人的臉、脖子和手表現得極其細緻而富有質感，敏捷地抓住了她那一瞬間迷人的微笑，將其定格為永恆，細膩地表露了人物微妙的心理活動。整個畫面顯得和諧、完整、統一，達到極其完美的藝術境界。

達‧文西是意大利文藝復興時期的代表人物，其繪畫水平達到歐洲的第一高峰，故被譽為「文藝復興的巨人」。

雕塑大師——米高安哲奴

★在石頭上燃燒激情★

由於母親體弱多病，米高安哲奴從小就被送到一個石匠家中撫養。在那裏，他對雕刻和繪畫產生了濃厚興趣。

名人 檔案館

姓　名：米高安哲奴·博那羅蒂 Michelangelo di Lodovico Buonarroti Simoni （1475年 - 1564年）

成　就：他是文藝復興時期的巨匠之一，以雕刻、繪畫而聞名世界，主要雕刻作品有《大衛》。

長大後，米高安哲奴進入佛羅倫斯的美術學校學習。他的藝術水平迅速提高，作品使老師大為震驚。老師讓他進入宮廷，以便更好地學習和創作。他的藝術創作生涯由此開始，並獲得世人的讚譽。

《大衛》是米高安

哲奴的代表作品之一。他用了兩年的時間，才將一塊四米多高的大理石雕刻成大衛像。大衛眉頭緊鎖，左手抓住投石帶，右手下垂，彷彿隨時準備投入戰鬥。雕像的體態壯偉，顯示出移山倒海般的力量和堅如鋼鐵般的意志，成為人們心目中抵禦外敵、保衛祖國的英雄形象的化身，堪稱雕塑史上最傑出的作品。

　　米高安哲奴是一位多才多藝的藝術大師。他創作的人物雕像雄偉健壯，充滿力量，成為整個文藝復興時代的典型象徵，也成為人類文明史上的不朽傑作。

古典戲劇大師
——莎士比亞

★創作不朽的戲劇★

莎士比亞出生在一個富商家庭。兒時的他活潑好動，好奇心強，很喜歡聽故事。5歲那年，小莎士比亞和父母一起觀看一場戲劇，舞

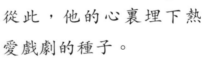

台上的精彩表演深深地吸引了他。從此，他的心裏埋下熱愛戲劇的種子。

名人 檔案館

姓　　名：威廉·莎士比亞
William Shakespeare
（1564年－1616年）

成　　就：他一生寫了37部戲劇、154首十四行詩，是歐洲文藝復興時期人文主義文學的集大成者。

1587年，由於家道中落，莎士比亞來到倫敦謀生。他先在一家劇院當馬夫，後來在一些劇院人士的幫助下，慢慢變成臨時替身演員，並嘗試改編和創作劇

本。他創作的第一部歷史劇《亨利六世》，歌頌英勇殉國的英軍將領，受到人們的喜愛。隨後，<u>莎士比亞</u>更加積極地投入到寫作中去。之後，<u>莎士比亞</u>陸續寫出《羅密歐與茱麗葉》、《威尼斯商人》、《哈姆雷特》等多部傳世之作，成功地塑造<u>羅密歐</u>、<u>茱麗葉</u>、<u>夏洛克</u>、<u>哈姆雷特</u>等一大批栩栩如生的文學形象。

　　<u>莎士比亞</u>的戲劇內容豐富，情節生動，語言優美，對後世戲劇影響很大，他因此被西方公認為近代戲劇的開山鼻祖。

德國文學巨匠——歌德

★用一生寫就《浮士德》★

18世紀70年代，<u>德國</u>的文學領域正進行一場史無前例的變革。在這種藝術思想的指引下，<u>歌德</u>創作出了一部書信體小說——《少年維特的煩惱》。該書一經面世，立即風靡<u>德國</u>乃至整個歐洲，形成持續而強烈的<u>維特</u>熱。

<u>歌德</u>成名之後，仍然堅持不懈地創作。其中，詩劇《浮士德》堪稱是他的代表作，其寫作時間竟長達六十年之久，可

名人 檔案館

姓　　名：約翰·沃爾夫岡·歌德
Johann Wolfgang von Goethe
（1749年 - 1832年）

成　　就：他是德國著名文學家，傾其一生完成的詩劇《浮士德》，是可與荷馬的史詩、莎士比亞的戲劇媲美的偉大詩篇。

謂傾注了他畢生的心血。

這部書主要描寫魔法師<u>浮士德</u>與魔鬼訂約，環遊世界，享受人間歡樂，最後天帝派「光明聖母」將<u>浮士德</u>的靈魂接到天堂。<u>浮士德</u>一生追求真理，經歷學校生活、愛情生活、政治生活、追求古典美和建功立業五個階段。這五個階段高度濃縮了從文藝復興到19世紀初期幾百年間<u>德國</u>乃至歐洲資產階級探索和奮鬥的精神歷程。

這部史詩式巨著，代表了18世紀末至19世紀初<u>德國</u>藝術的最高成就，<u>歌德</u>也因此而成為世界文學巨匠。

德國最偉大的音樂家
——貝多芬

★我要扼住命運的咽喉★

　　貝多芬從小就有音樂神童之稱。他在十多歲時就以熟練的鋼琴演奏而聞名全國，並成為一名作曲家。

　　就在貝多芬的藝術創作走向輝煌之時，巨大的不幸降臨了。1796年，他患上了當時無法治癒的神經性耳聾症——這對一個音樂家來說是件多麼殘酷的事啊！貝多芬感到絕望，甚至想到自殺。但是，對音樂的熱愛最終使他重新找到生活的勇氣，並樹立起與命運對抗的信心。他發出堅定的呼喊：「我要扼住命運的咽喉，命運休想

名人 檔案館

姓　　名：路德維希‧凡‧貝多芬
　　　　　Ludwig van Beethoven
　　　　　（1770年 - 1827年）

成　　就：他強烈地深化音樂藝術的思想性和表現力，有德國「樂聖」之稱，代表作有《英雄》、《命運》、《田園》。

使我屈服！」

為了表達自己向命運抗爭的情感，<u>貝多芬</u>決定用一部大型交響樂作品來勉勵自己。1805年至1808年，<u>貝多芬</u>創作了《命運交響曲》。1808年12月的一天，《命運交響曲》在<u>維也納</u><u>皇家劇院</u>上演，那激蕩的音符瞬間震懾劇場中所有的人。這部交響曲體現<u>貝多芬</u>的創作天才和令人驚歎的精神力量。時至今日，《命運交響曲》依然以巨大的精神力量震撼、鼓舞着人們的鬥志。

批判現實主義大師
——巴爾扎克

★寫就《人間喜劇》巨著★

　　巴爾扎克是歐洲駁倒現實主義文學的奠基人和傑出代表。他的創作之路充滿了艱辛和痛苦。

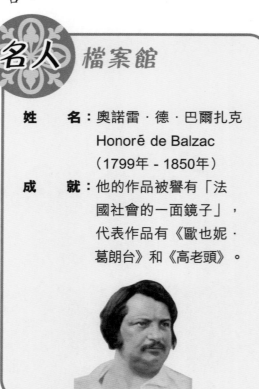

名人 檔案館

姓　　名：奧諾雷·德·巴爾扎克
　　　　　Honoré de Balzac
　　　　　（1799年 - 1850年）

成　　就：他的作品被譽有「法國社會的一面鏡子」，代表作品有《歐也妮·葛朗台》和《高老頭》。

　　早年，他曾因生活所迫寫過許多迎合當時庸俗社會風氣的小說。他還與出版商合作，想通過出版和印刷賺一點錢，但是經營狀況並不理想。這段經歷使巴爾扎克真正認識法國社會，深刻體會到現實社會中人與人之間冷酷的金錢關係，認識到人性

惟利是圖的一面，這成為後來他所創作的作品集《人間喜劇》最重要的主題。

等經濟狀況好轉後，<u>巴爾扎克</u>便全心全意投入到文學創作中。他用二十年的心血和精力，創作了九十多部長、中、短篇小說和隨筆，並將其命名為《人間喜劇》，其中代表作有《歐也妮·葛朗台》和《高老頭》。

<u>巴爾扎克</u>為世界文學史樹立不朽的豐碑，百多年來，他的作品傳遍全世界，對世界文學產生了巨大影響。

俄羅斯文學的太陽
——普希金

★詩句話人生★

普希金出生在俄國的一個貴族家庭。在大學讀書期間，他吸收了不少自由思想，並且深深愛上文學創作。畢業後，他常參加一些關於文學組織的活動，並創作很多詩歌。由於普希金的一些詩歌映射俄國沙皇及其寵臣，沙皇便把他流放到偏遠的南方。

南方的大自然景物深深吸引和感染了普希金，同時也激發他對自由的渴望。在流放期間，他寫出《茨岡》、《高加索的俘虜》、《強盜兄弟》等大量優秀詩歌。

後來，普希金從流

名人 檔案館

姓　名：亞歷山大‧謝爾蓋耶維奇‧普希金 Alexander Sergeyevich Pushkin（1799年 - 1837年）

成　就：他被譽為俄國文學之父。代表作有詩體小説《葉甫蓋尼‧奧涅金》。

放地回到莫斯科，之後又遷居彼得堡，可他的生活始終受到沙皇政府的監視。儘管如此，普希金依然堅持創作。他創作的詩體小說《葉甫蓋尼·奧涅金》及現實主義長篇小說《上尉的女兒》，描寫了俄國社會的現實生活，堪稱傳世經典。

普希金用他創作的眾多優秀作品「為自己樹立了一座非金石的紀念碑」，被譽為「俄羅斯文學的太陽」。

世界童話大師——安徒生

★用童話溫暖人間★

安徒生出生在丹麥的一個貧困家庭：父親是個鞋匠，母親是個洗衣婦。安徒生自幼酷愛文學，為實現自己的文學夢，他在14歲那年隻身來到首都哥本哈根發展。

名人 檔案館

姓　名：漢斯・克利斯蒂安・安徒生 Hans Christian Andersen（1805年－1875年）

成　就：他首次將「童話」從幼稚粗糙的民間傳説故事發展成為優美的文學童話，為後世的童話創作留下了經典範文。

經過多年的拼搏，安徒生成了一個小有名氣的作家。1835年，30歲的安徒生有感於自己童年的不幸，決心為孩子們寫作。他出版的第一本童話集叫《講給孩子們的故事》，包括《打火匣》、《小克勞斯和大克勞斯》、《豌豆公主》、《小意達的花》共四篇。當時，他

的作品並未獲得文學界的好評，甚至有人認為他沒有寫童
話的天分，建議他趁早放棄寫童話，安徒生卻說：「這才
是我不朽的工作呢！」事實證明，他的作品受到越來越多
孩子的喜愛。此後數年，安徒生在每年的聖誕
節都出版一部新的童話，作為獻給孩子們的
節日禮物。

　　安徒生一生共創作了160多篇童話，
為孩子們編織出許許多多綺麗純真的夢。
因此，人們稱他為「童話大師」。

俄國文學泰斗
——列夫·托爾斯泰
★一生追求平民化★

列夫·托爾斯泰出生在俄國的一個貴族家庭。他自小就顯露出獨特的藝術天賦。9歲那年，他根據祖父的奇聞軼事寫成了《祖父講述的故事》。

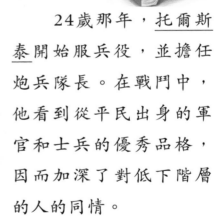

24歲那年，托爾斯泰開始服兵役，並擔任炮兵隊長。在戰鬥中，他看到從平民出身的軍官和士兵的優秀品格，因而加深了對低下階層的人的同情。

從19世紀50年代起，托爾斯泰開始文學創作。他目睹貴族的墮

名人 檔案館

姓　名：列夫·托爾斯泰
　　　　Leo Tolstoy
　　　　（1828年 - 1910年）

成　就：他的創作達到俄國現實主義的頂峰，代表作品有小說《戰爭與和平》、《安娜·卡列尼娜》等。

落，被廣大農民的悲慘命運深深打動，陸續創作出《戰爭與和平》、《安娜‧卡列尼娜》等長篇小說，揭露當時俄國社會的各種醜惡現象。

在思想上，<u>托爾斯泰</u>一生追求平民化。他認為，農民是最高道德理想的化身，貴族應走向平民化。在晚年，他仍力求過簡樸的平民生活。

<u>托爾斯泰</u>的作品猶如「俄國革命的鏡子」，多方面地展示了<u>俄國</u>的社會狀況，深刻地揭露了社會現實。因此，<u>托爾斯泰</u>被<u>列寧</u>稱為具有「最清醒的現實主義」的「天才藝術家」，更被人們公認為文壇泰斗。

幽默文學大師
——馬克‧吐溫
★笑說世俗百態★

　　馬克‧吐溫出生在美國一個偏僻的鄉村，由於家境貧寒，只上過幾年小學。12歲時，他來到一家報館當學徒。辛酸的童工生活，磨煉了他堅強的意志。後來，馬克‧吐溫又到航行於密西西比河的輪船上擔任領航員。他原名薩繆爾‧蘭亨‧克萊門斯，筆名「馬克‧吐溫」意為「水深兩尋」（「安全水域」），就與這條大河有關。在輪船上，他接觸到各種各樣的人，這為他後來的創作積累大量素材。

　　28歲那年，馬克‧

名人檔案館

姓　　名：馬克‧吐溫
　　　　　Mark Twain
　　　　　（1835年 - 1910年）

成　　就：他是美國的幽默大師、19世紀後期美國現實主義文學的傑出代表，代表作品有《湯姆‧索亞歷險記》。

吐溫成為《企業報》的新聞記者，並以記者的身分遊歷歐洲，從此走上文學創作的道路。

1869年以後，馬克‧吐溫先後創作了《傻子國外旅行記》、《艱難歷程》、《鍍金時代》、《競選州長》、《湯姆‧索亞歷險記》、《傻瓜威爾遜》等小說。

馬克‧吐溫的文字風趣幽默，善用諷刺，展現美國一個時代的民間風情和世俗百態，刻畫了美國民族之魂。因此，馬克‧吐溫被人們譽為「幽默文學大師」。

諷刺大師——蕭伯納

★冷眼創作「新戲劇」★

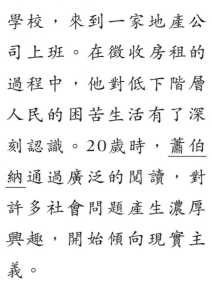

蕭伯納出生在愛爾蘭一個普通家庭。他的父親開朗樂觀，非常幽默，這對蕭伯納的性格形成有很大影響。由於家境貧寒，蕭伯納15歲時便離開學校，來到一家地產公司上班。在徵收房租的過程中，他對低下階層人民的困苦生活有了深刻認識。20歲時，蕭伯納通過廣泛的閱讀，對許多社會問題產生濃厚興趣，開始傾向現實主義。

1885年，蕭伯納開始

名人 檔案館

姓　名：蕭伯納，即：喬治·伯納·蕭 George Bernard Shaw（1856年 - 1950年）

成　就：他大力倡導和創作「新戲劇」，代表作有《鰥夫的房產》和《華倫夫人的職業》等，曾獲得1925年諾貝爾文學獎。

為報刊撰寫藝術批評文章，同時大力提倡易卜生的現實主義戲劇。之後，蕭伯納開始創作以社會問題為中心的「新戲劇」。蕭伯納是個高產的劇作家，一生中共完成了51個劇本，重要的作品有《鰥（音：關）夫的房產》、《華倫夫人的職業》、《武器與人》、《聖女貞德》、《真相畢露》等。

蕭伯納的戲劇最大的特點是語言尖銳潑辣，充滿機智，妙語警句脫口而出，敢於觸及社會最本質的階級問題，把統治階級的醜惡嘴臉暴露在公眾面前。因此，人們稱蕭伯納為「諷刺大師」。

印度詩哲——泰戈爾

★詩意表達愛國心★

　　泰戈爾從小愛好文學，也很關心社會問題。後來，父親將他送到英國倫敦大學。學習期間，他深受西方文學和音樂的感染和薰陶。

名人 檔案館

姓　名：羅賓德拉納特‧泰戈爾
　　　　Rabindranath Tagore
　　　　（1861年 - 1941年）

成　就：他是印度近代最偉大的詩人、作家，1913年其散文詩集《吉檀迦利》獲得諾貝爾文學獎。

　　學成歸來的泰戈爾親眼目睹英國殖民者殘酷地剝削印度人民，他強烈的愛國熱情被激發了，於是他決定投入到印度民族解放鬥爭的洪流中去。1919年，印度掀起第二次民族解放運動的高潮。泰戈爾領導印度人民舉行反對殖民統治的示威遊行，並高唱自己寫的愛國詩歌走

在隊伍的最前面。他還寫信給英國總督表示
抗議殖民統治，並堅決放棄英國政府授予他
的爵位和特權。

　　泰戈爾將愛國之情融於筆端，創作很多
膾炙人口的詩篇，如《吉檀迦利》、《園丁
集》、《新月集》、《飛鳥集》等。因此，
印度人民都十分尊崇他、熱愛他，稱他為「詩哲」、「印
度的良心和印度的靈魂」。1913年，泰戈爾獲得諾貝爾文
學獎，成為第一位獲得諾貝爾文學獎的亞洲人。

不屈不撓作家──高爾基

★艱難求學成大器★

高爾基出身貧寒，因為父親早逝，他11歲就開始獨立謀生，做過鞋店的學徒、製圖所的小聽差、輪船上的幫廚……儘管生活艱難，但高爾基非常熱愛讀書。

名人 檔案館

姓　名：馬克沁·高爾基
Maksim Gorky
（1868年－1936年）

成　就：堅毅不屈的作家，社會主義文學的奠基人。

1884年，高爾基想進入喀山大學求學，但被學校拒絕。儘管如此，他仍抓住一切機會學習。在吉弗里斯，他遇到一位叫克柳日納的革命家，克柳日納鼓勵高爾基說：「把你看到的一切都寫出來吧。」此後，高爾基發表了處女作《馬卡爾·楚德拉》，展開他的文學創

作生涯。

1891年，高爾基回到故鄉，認識當時文壇上的老前輩柯洛連科。在柯洛連科的悉心指導下，高爾基進步很快。1898年，他出版兩卷《隨筆和短篇小說》，從此蜚聲俄國和歐洲文壇。

1901年，高爾基創作了著名的散文詩《海燕之歌》，鼓舞人們去迎接偉大的戰鬥。此後，他的長篇小說《母親》、自傳體三部曲《童年》、《在人間》、《我的大學》等作品相繼面世。此外，他還寫了大量文藝理論、文學批評和政論文章，對社會主義的文化及文藝事業作出了重大貢獻。

喜劇表演大師
——查理·卓別靈

★無聲「鬧劇」批現實★

卓別靈出生在英國倫敦的一個貧民區。1907年，12歲的卓別靈以其精湛的歌舞才藝被倫敦專演滑稽默劇的卡爾諾劇團錄用。在劇團期間，他刻苦訓練，初步形成獨特的幽默默劇表演風格。1913年，卓別靈隨劇團到美國進行巡迴演出，被一位電影公司的製片人兼導演看中，從此開始漫長的電影生涯。

卓別靈主演的第一部無聲喜劇片是《20分鐘的愛情》。在影片中，他把雜技、戲法和舞蹈巧妙地融為一體，以精彩的演技贏得了觀

名人 檔案館

姓　　名：查理·卓別靈
　　　　　Charlie Chaplin
　　　　　（1889年 - 1977年）

成　　就：他奠定現代喜劇電影的基礎，代表作有影片《淘金記》、《摩登時代》等。

眾的陣陣喝彩。之後，卓別靈的演技日漸成熟，一生共演出了八十多部喜劇電影。他在多部影片中塑造的那個留着小鬍鬚，握着短手杖，穿着大碼褲子、皮鞋和皺巴巴的晚禮服的流浪漢形象，深受人們喜愛。

卓別靈以其精湛的表演，對下層勞動者寄予深切同情，對社會階級的各種弊端進行辛辣的諷刺，成為深受世界人民喜愛的喜劇表演大師。

美國硬漢作家——海明威

★人不能被打敗★

著名的美國作家海明威和古巴有着不解之緣，令海明威聞名世界文壇的《老人與海》就是在這個島國完成的。

第二次世界大戰結束後，美國作家海明威決定移居古巴。他選擇了古巴首都哈瓦那以東9000米的一個恬靜的小漁村住了下來。這裏環境優美，遠離喧鬧的城市，既適合休息放鬆，也適合進行文學創作。海明威擁有一艘名叫「皮拉爾號」的船，他請了一位名叫富恩斯特的古巴老人當這艘船的船長。海明威經常和富恩斯特一起出

名人 檔案館

姓　　名：歐尼斯特·米勒爾·海明威 Ernest Miller Hemingway
（1899年 - 1961年）

成　　就：他開創「迷惘的一代」文學，以《老人與海》榮獲1954年的諾貝爾文學獎。

海捕魚，並從他那裏聽到許多關於捕魚的冒險故事。在<u>古巴</u>海面釣魚時，<u>海明威</u>還經常向一些老漁夫虛心請教，獲得了許多關於捕魚的知識。

　　海島的優美自然風光、<u>古巴</u>漁民的淳樸民風和精彩的冒險故事，對<u>海明威</u>來說就是最好的寫作素材。這一切激發<u>海明威</u>寫作的靈感，1952年<u>海明威</u>的小說《老人與海》終於問世了。

在這部書中，海明威描寫孤單的捕魚老人桑提亞哥置身於茫茫大海，與風浪、鯊魚進行多次驚心動魄的搏鬥，最終卻拖着一條巨大的馬林魚骨架返航的悲壯故事。桑提亞哥是海明威所崇尚的完美人格的代表，他曾說：「人不是生來要給打敗的。人可以被毀滅，但不能被打敗。」這是桑提亞哥的生活信念，也是海明威要表明的思想。通過桑提亞哥這一形象，海明威熱情地讚頌人類面對艱難困苦時所顯示的堅不可摧的精神力量。這句名言，激勵了無數人鼓起向命運抗爭的勇氣！正是由於這部書，海明威獲得了1954年的諾貝爾文學獎。

海明威所讚頌的「硬漢精神」，被美國人民奉為美國民族的精神象徵。

第5章
名家名流

　　在人類社會的發展過程中，還有許多傑出人物令我們肅然起敬，他們以輝煌的個人成就影響並改變整個社會的發展軌跡：哥倫布遠渡重洋，發現了美洲大陸；顧拜旦四處奔走，只為復興奧林匹克運動；比爾‧蓋茨創建微軟，推動全球的電腦革命……翻開本章，讓我們懷着崇敬之心，細細品味這些百家名流的多彩歷程和傲人成就吧！

意大利航海家——哥倫布
★發現美洲大陸★

少年時期的哥倫布經常在父親的帶領下出海，從那時起他深深地迷上航海。後來，他讀了《馬可·波羅遊記》一書，對神秘的東方

產生濃厚興趣。他相信地圓學說的正確性，認為從歐洲出發，沿大西洋一直向西航行，就能到達東方的中國和印度。為了證實自己的想法，哥倫布說服了西班牙國王接受他的航海計劃。

1492年8月3日早上，哥倫布率領船隊從

名人 檔案館

姓　　名：克里斯多夫·哥倫布
　　　　　Cristoforo Colombo
　　　　　（約1451年 - 1506年）

成　　就：他是意大利航海家，首次發現美洲大陸，證明地圓學說的正確性，開闢世界航海史的新時代。

西班牙揚帆起航，勇敢地向遙遠的大西洋以西駛去。經過幾十個畫夜的艱苦航行，到10月12日凌晨，他們終於登上中美洲的陸地。

此後，哥倫布又進行了三次這樣的遠航。有趣的是，他一生都認為自己到達的是印度。其實，他所說的「印度」就是今天我們所說的美洲大陸。

哥倫布先後四次出海遠航，發現美洲大陸，開闢橫渡大西洋到美洲的航路，證明地圓學說的正確性，促進歐美兩個大陸文明的融合，為人類社會的發展作出重大貢獻。這一航海壯舉，也為他贏得了「偉大的航海家」的美譽。

護理事業的先驅
——南丁格爾

★為傷者提一盞明燈★

1854年，克里米亞戰爭爆發。英國的戰地醫院由於條件極差，又沒有護士護理傷病者，士兵的死亡率高達50%。英國護士南丁格爾得知這種情形，自願前往戰地擔任看護工作。

南丁格爾率領38名護士抵達前線，在四所戰地醫院服務。她對傷病者和藹可親，每天夜晚都手持油燈巡視傷病者，士兵們親切地稱她為「提燈女士」。當時前線物資十分匱乏，水源不足，衛生條件極差，但南丁格爾並沒有被困難嚇倒，她想盡

名人 檔案館

姓　　名：弗勞倫斯·南丁格爾
　　　　　Florence Nightingale
　　　　　（1820年 - 1910年）

成　　就：她是現代護理學的創始
　　　　　人，著有《護理筆記》。

辦法為傷病者找來食品和其他必需物，組織士兵家屬協助進行護理工作。從此，戰地醫院的面貌大大改觀，不到半年，傷病者的死亡率就下降到2.2%。南丁格爾的護理功績傳遍整個英國，成為英國一時的傳奇人物。

1860年，南丁格爾在英國聖‧湯瑪斯醫院創建世界上第一所正規護士學校——南丁格爾護士學校。從此，南丁格爾被世人譽為現代護理學的奠基人。

現代奧林匹克之父
——顧拜旦

★復興奧林匹克運動★

顧拜旦從小就對體育有着濃厚的興趣。一個偶然的機會，他從書上看到有關古代奧林匹克的內容，被當時這項偉大的運動深深吸引。

名人 檔案館

姓　　名：皮埃爾·德·顧拜旦
　　　　　Pierre de Coubertin
　　　　　（1863年 - 1937年）

成　　就：他是現代奧林匹克運動的創始人，也是奧運會會徽、會旗的設計者，他確立的「更快、更高、更強」的奧運口號影響深遠。

1890年，顧拜旦第一次來到希臘的奧林匹亞進行考察。他站在古代奧運會的遺址上，感慨萬千：奧林匹克運動應該恢復，並由各國派代表來參加，這樣一來，不但能將體育精神發揚光大，還能增進各國之間的友誼。

隨後，他開始為實

現這個願望積極行動起來。1894年6月18日，他終於組織了十二個歐美國家的代表在巴黎召開「恢復奧林匹克運動會代表大會」。在會上通過恢復奧林匹克運動的憲章，確定現代奧運會的宗旨，這次會議標誌着現代奧林匹克運動的開始。1896年4月5日，首屆現代奧運會在雅典開幕。

顧拜旦復興奧林匹克運動的夢想，終於成為了現實。

美國汽車大王——福特

★為世界裝上輪子★

美國汽車大王福特從小就喜歡玩弄機械，經常幫鄰居修理鐘錶和農具。這些修理工作，使小福特獲得很多機械方面的知識和經驗。

名人 檔案館

姓　名：亨利·福特 Henry Ford（1863年 - 1947年）

成　就：他是福特汽車公司的建立者，也是世界上第一位發明流水線大量生產汽車的人。

16歲那年，福特來到一家專門製造發動機的公司工作，並慢慢成為一名優秀的技師。一次，他從雜誌上看到法國人發明裝有汽油發動機的汽車，便決心要造出自己的汽車。經過無數次的實驗，他終於

在1896年造出自己的第一輛簡易汽車。此後，<u>福特</u>繼續研究，不斷地改良他的汽車。

1902年，<u>福特</u>研發的汽車在比賽中奪得第一名，他因此而一夜成名。次年，他創辦了<u>福特汽車公司</u>。1908年，<u>福特</u>推出世界上第一輛平民化的汽車——T型車。1913年，<u>福特</u>發明了高效率的流水線生產方法。這種生產方法使<u>福特汽車公司</u>的產量激增，<u>福特</u>汽車因質優價廉而暢銷全球，人們都說<u>福特</u>給世界安上了輪子。

身殘志堅的楷模
——海倫·凱勒

★戰勝盲聾，自強不息★

　　海倫·凱勒在一歲半時，得了一場怪病，結果眼睛看不到東西，耳朵也聽不到聲音。從此，可憐的小海倫只能生活在黑暗和寂靜中。

名人 檔案館

姓　　名：海倫·亞當斯·凱勒
　　　　　Helen Adams Keller
　　　　　（1880年 - 1968年）

成　　就：她是美國盲聾女作家和殘障教育家，主要作品有《假如給我三天光明》、《我的老師》等。

　　海倫快滿7歲的時候，充滿愛心的安妮·莎莉文老師來到她的身邊，從此改變了她的命運。在莎莉文老師的耐心教導下，海倫開始學習手語和盲文。她用手觸摸老師的手勢，學會了手語，並開始自己閱讀一些盲文著作。10歲那年，海倫開始學習說話。為使自己能夠講

好一個字或句子，她會反覆練習，有時為發一個音一練就是幾個小時。海倫就是這樣夜以繼日地練習，在成千上萬次的模仿之後，她終於學會了説話。

1899年，海倫以優異的成績考入哈佛大學。大學畢業後，她和莎莉文老師一起，投身到幫助聾啞盲人的慈善事業中。著名作家馬克‧吐温曾讚歎道：「19世紀出現兩個了不起的人物，一個是拿破崙，一個是海倫‧凱勒。」

黑人民權領袖
——馬丁‧路德‧金
★為黑人的平等而奔走★

　　20世紀初，<u>美國</u>社會的種族歧視十分嚴重，白人虐待黑人的現象屢見不鮮。黑人牧師<u>馬丁‧路德‧金</u>立志要為爭取黑人的正當權利作出貢獻。

名人 檔案館

姓　　名：馬丁‧路德‧金
　　　　　Martin Luther King, Jr.
　　　　　（1929年 - 1968年）

成　　就：他是美國民權運動領袖，其著名演講《我有一個夢想》對美國民權運動影響深遠。

　　1963年，<u>馬丁‧路德‧金</u>和其他民權運動領袖組織發起歷史性的「向華盛頓進軍」的運動。8月28日，二十多萬人聚集在<u>林肯紀念堂</u>附近。<u>馬丁‧路德‧金</u>在這裏發表了感人至深的演講《我有一個夢想》，他號召人們以理智和非暴力的原則爭取自己應得的權利。這一

段演說最終迫使美國政府取消商店、旅店和就業等方面的種族歧視政策。由於馬丁·路德·金在爭取黑人民權方面貢獻巨大，他因此獲得了1964年的諾貝爾和平獎。

1968年4月4日，馬丁·路德·金在進行關於反對種族歧視的演講時，被一名白人種族主義者槍殺，死時年僅39歲。他畢生都在為爭取黑人的平等而演講、奔走，其精神和信念鼓舞了東西方所有熱愛和平的人。

微軟公司創始人
——比爾·蓋茨

★研發軟體改變世界★

　　中學畢業後，比爾·蓋茨以優異的成績考入哈佛大學。一天，好友艾倫給他帶來一本雜誌，上面刊登了一個重要消息：世界上第一台商用微型電腦面世，但是缺乏成熟的軟體程式。這一消息使蓋茨興奮不已，他認為這是一個難得的巨大商機。隨後，他說服了那台電腦的發明人，由他和艾倫為電腦編制程式。兩個人用了八周的時間，編寫出BASIC程式語言。

　　此時，蓋茨敏銳地意識到微型電腦將有一

名人 檔案館

姓　　名：比爾·蓋茨 Bill Gates
（1955年至現在）

成　　就：他是美國微軟公司的創建者和視窗作業系統的研製者之一，也是個人電腦革命的領軍人物。

個無比巨大的市場，他決心投入電腦軟
體發展的事業中去。1975年，他中斷在
哈佛大學的學業，創建了微軟公司。經
過蓋茨的不斷努力，微軟公司於1995年
推出了Windows95作業系統。這是一款
具有劃時代意義的軟體，它讓用戶擺脫

煩瑣枯燥的DOS命令，使電腦的操作變得更加直接而便捷，
改變現代人的工作和生活方式。

　　此後，蓋茨在軟體領域大顯身手，通過多次產品的
創新推動着資訊產業的進步，成為電腦軟體行業的領軍人
物。

外國傑出名人大全

責任編輯：朱維達
美術設計：金暉
出　　版：新雅文化事業有限公司
　　　　　香港英皇道499號北角工業大廈18樓
　　　　　電話：(852) 2138 7998
　　　　　傳真：(852) 2597 4003
　　　　　網址：http://www.sunya.com.hk
　　　　　電郵：marketing@sunya.com.hk
發　　行：香港聯合書刊物流有限公司
　　　　　香港新界大埔汀麗路36號中華商務印刷大廈3字樓
　　　　　電話：(852) 2150 2100　傳真：(852) 2407 3062
　　　　　電郵：info@suplogistics.com.hk
印　　刷：中華商務彩色印刷有限公司
　　　　　香港新界大埔汀麗路36號
版　　次：二〇一一年九月初版
　　　　　二〇一八年三月第三次印刷
本書由浙江教育出版社授權出版繁體字版

ISBN: 978-962-08-5407-1